AF456680

LE PACTE DE FAMINE

ET LA DÉFENSE NATIONALE EN 1890

Les faits rapidement exposés dans cet article viennent, une fois de plus, confirmer nos vives alarmes sur les dangers que fait courir à la France la politique sociale de la troisième République. Il y a déjà longtemps que nous l'avons dit dans les pages de ce recueil : depuis trente ans, la France est soumise à un régime économique sous lequel, lentement, mais sûrement, se dissolvent ses forces vitales, anémiées par un système de succion qui pompe sa sève à tous les conduits de son activité.

Sans doute, l'organisation sociale française ne diffère pas sensiblement de celle des pays voisins, étreints, comme nous, par les tentacules de la même pieuvre capitaliste, qui les enserre de toutes parts. Mais aucun pays n'a vu se développer au même degré l'anarchie économique que les pratiques du libéralisme ont introduite dans le nôtre. Aucun gouvernement n'a abdiqué, comme celui de la République française, les pouvoirs d'autorité et les devoirs de prévoyance sociales, dont l'absence nous livre à la discrétion d'une poignée de parasites et d'accapareurs, devenus les arbitres de notre existence nationale elle-même. L'Angleterre, l'Allemagne, l'Autriche, l'Italie ont leur classe capitaliste, dont la rapacité ne le cède en rien à l'avidité de la nôtre : aucune de ces nations, cependant, n'a consenti, comme nous, à fermer les yeux systématiquement sur les manœuvres du capitalisme international. Au contraire, partout, les gouvernements, soucieux des intérêts vitaux de leurs peuples respectifs, se sont efforcés de faire servir le capitalisme à la défense de leurs intérêts nationaux, et si les prolétariats formulent d'ardentes revendications politiques et sociales contre leurs gouvernants, du moins ne sauraient-ils les accuser de livrer le pays à l'ennemi. Qu'on étudie l'action de la finance anglaise, allemande ou austro-hongroise, on ne la verra pas, à l'instar de la finance française, travailler à ruiner l'influence du pays dont elle draine l'épargne et gaspille la richesse.

S'il en était besoin, nous pourrions citer des milliers de faits pour démontrer que, tandis qu'à l'étranger les hommes d'État se servent de leurs financiers, les financiers français, eux, peuvent impunément combattre le développement de la prospérité française et mettre au service de l'ennemi les immenses ressources de notre épargne. Rappelons brièvement quelques-unes des entreprises les plus connues, déjà analysées par nous dans la *Revue socialiste* :

Bontoux restaurant les finances de l'Autriche-Hongrie, fondant la Lænder-Bank, de compte à demi avec l'Allemagne, et créant les chemins de fer serbes pour ouvrir les Balkans aux armées de ces deux puissances; M. de Lesseps creusant Suez pour l'Angleterre, et livrant à cette dernière l'Égypte, que l'or et le sang français avaient ressuscitée; les Rothschild, Soubeyran et consorts alimentant les finances italiennes épuisées, fournissant à une nation de la triple alliance le crédit et les capitaux nécessaires à ses armements, à la réfection de sa flotte et à la construction de ses chemins de fer stratégiques...

A cet égard, l'aveuglement — d'aucuns disent la servilité — du gouvernement français est tel que les auteurs de ces entreprises antinationales ne daignent même pas prendre la peine d'en dissimuler le caractère. Ils se savent assurés d'avance de l'impunité la plus complète. D'ailleurs, il faut bien le dire : si, de ce chef, la responsabilité des pouvoirs publics est grave, cette responsabilité ne saurait peut-être, sans injustice, leur être exclusivement imputée. En ces matières, les gouvernements suivent autant le courant qu'ils le dirigent. A beaucoup d'égards, ils ne sont que le reflet des tendances générales de leur temps. Le capitalisme a acquis, de nos jours, une puissance telle qu'il a corrompu toutes les sources de l'esprit public, perverti l'opinion et faussé l'intellectualité française. La politique économique contemporaine n'est que l'application stricte des principes de la science sociale française en cours. C'est pourquoi, lorsqu'on adjure le pouvoir d'entrer dans une voie opposée à celle suivie jusqu'à ce jour, on se heurte à des préjugés invétérés, fortifiés et entretenus par les intérêts qui s'abritent prudemment derrière eux.

Un semblable état de choses peut-il se prolonger sans provoquer une catastrophe finale, peut-être irrémédiable? Depuis longtemps, nous étions persuadé que la politique imprévoyante de nos gouvernants nous conduisait à l'abîme. En réunissant les éléments de cette étude (qui ne devait point faire l'objet d'un article de Revue), nous avons constaté avec effroi que nous venions de côtoyer cette catastrophe sans la soupçonner. Trois mois durant, en effet, la région du Nord et de Paris a été à la merci d'une poignée d'étrangers qui eussent pu l'affamer sans coup férir, en temps de paix. Si donc la grande complication internationale, tant redoutée, eût surgi, c'en était fait de notre défense nationale, paralysée par la famine !

Et le gouvernement, qui ne pouvait ignorer la situation terrible que nous traversions, n'a rien fait pour conjurer le péril. Aujourd'hui même, les mesures qu'il propose sont ou insignifiantes, ou dangereuses, ou impratiques — inexécutables !

Bien mieux ! Devant le Conseil municipal de Paris, la situation a été exposée après coup, et là encore, elle n'a trouvé qu'indifférence. Adjuré par M. Deligny, auquel je suis heureux de rendre ici un public hommage pour l'initiative qu'il a prise en cette circonstance et pour la somme de travaux consacrés à l'appui de ses conclusions ; adjuré, dis-je, par M. Deligny et par nous, de prendre des mesures urgentes de prévoyance, le Conseil municipal n'a pas cru à l'imminence du danger, et il a repoussé les conclusions salvatrices qu'on lui proposait. Obéissant à je ne sais quelles mesquines préoccupations budgétaires, ébranlée aussi, il faut le dire, par l'hostilité des partisans quand même de la liberté commerciale, l'assemblée municipale parisienne a enterré la solution du problème sous forme de renvoi à sa commission du budget !

Attristé, mais non découragé par cet échec, nous avons cru qu'il était de notre devoir d'en appeler du Conseil à l'opinion. De là cet article, dont les principaux éléments nous ont été fournis par les travaux de la commission d'approvisionnement du Conseil municipal. Les renseignements complémentaires ont été puisés à des sources sûres, auprès de personnes compétentes, lorsque les chiffres ou les faits officiels nous ont manqué sur quelques points particuliers. Au lecteur de juger si nos alarmes sont fondées ; à la presse, surtout, de reprendre la question, qui restera ouverte, même après le dépôt, par le gouvernement, du projet de loi sur l'approvisionnement des places fortes en temps de paix. Nous n'ignorons pas, certes, les obstacles de toute nature que l'élucidation de ce problème rencontrera dans certains organes. Soustraire l'alimentation parisienne aux serres de la spéculation, c'est s'attaquer à des intérêts puissants, qui ont pour habitude d'éclairer d'un jour tout spécial les feuilles et les publicistes traitant de ces questions. Cependant, comme il s'agit ici de la défense nationale, que la vie même du pays tout entier est intéressée à assurer l'approvisionnement de la capitale, peut-être quelques-uns se feront-ils scrupule d'indépendance et permettront-ils à la vérité de s'affirmer. Nous savons ce que coûtent ces scrupules, et d'avance nous félicitons ceux qui voudront bien se joindre à nous pour instruire l'opinion.

I

Pour se faire une idée précise de l'intérêt pressant attaché à la question de l'approvisionnement de Paris et au danger que nous avons couru, il convient, tout d'abord, de se rendre compte exactement de la consommation et de la production du blé en France.

Dans cette question d'approvisionnement, je ne m'occupe que du froment, bien que l'alimentation du peuple ne se réduise pas à la consommation exclusive du blé et qu'il y ait nombre d'autres denrées nécessaires à la nourriture populaire. Mais le blé constitue, en somme, l'aliment de première nécessité par excellence, l'objet de consommation qui prime tous les autres, dont l'abondance et le bon marché sont indispensables, même en temps de paix. Dans l'histoire des nations occidentales, assurer le « pain » du peuple a toujours été le souci le plus constant des gouvernements ; et quand ceux-ci ont eu le malheur de se désintéresser de cette fonction naturelle, la famine — avec ses conséquences politiques et sociales — s'est chargée de les rappeler à l'exécution de leurs devoirs. Sous ce rapport, les relations de peuple à gouvernement ne se sont guère modifiées à travers les siècles. Nous en sommes aujourd'hui exactement comme au temps où la principale préoccupation des maîtres de Rome était d'assurer la régularité des convois de Sicile ou d'Afrique. Que demain le pain vienne à manquer dans Paris, et force sera au libéralisme de nos ministres les plus intransigeants, M. Yves Guyot, par exemple, de composer avec les exigences de la faim.

Là-dessus, j'entends les docteurs de l'Économie politique proclamer, avec leur suffisance ordinaire, que de nos jours les famines ne sont plus à redouter. Avec le progrès de l'industrie et la multiplication des moyens de transport, grâce à l'application des principes libéraux dont l'excellence est reconnue partout, la répartition naturelle des produits est assurée à la surface du globe terrestre. On amène presque sans frais dans les pays dont la consommation excède la production tous les produits nécessaires tirés des contrées où la production excède les forces de consommation. Il est donc oiseux, *à priori*, de soulever une question d'approvisionnement, qui n'existe point. La liberté commerciale et le libre jeu des forces économiques assurent mieux que toute réglementation quelconque l'alimentation normale des habitants.

Pour réduire à leur juste valeur ces promesses dorées de l'optimisme libéral, il suffit de jeter les yeux sur la carte ci-contre, et de rechercher, d'abord, comment s'opère en France la répartition du froment ; après quoi nous pourrons mieux juger des facilités ou des

CARTE STATISTIQUE, PAR RÉGIONS

des déficits et des excédents de la production sur la consommation du blé en France.

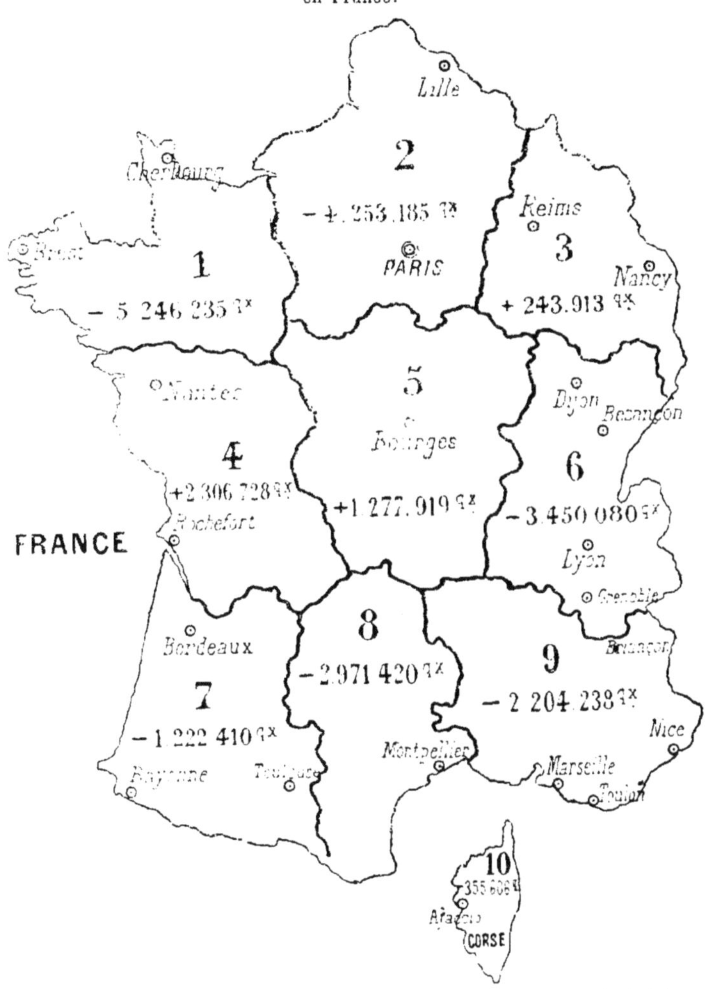

Les chiffres précédés du signe – expriment en quintaux métriques le déficit de la production sur la consommation par région. Total des déficits.	19.703.179 q.
Les chiffres précédés du signe + expriment en quintaux métriques l'excédent de la production sur la consommation par région. Total des excédents.	3.828.550 q.
Reste en déficit	15.874.629 q.
Les produits de seigle, orge, sarrasin, etc., comblent environ pour moitié du déficit de froment	7.374.615 q.
Le reste est couvert par une importation moyenne de	8.500.000 q.
Total égal	15.874.615 q.

difficultés rencontrées dans la répartition internationale de ce produit, que l'insuffisance annuelle de la production nous contraint à faire venir de l'étranger en proportions considérables.

La carte ci-contre, divisée en dix régions, exprime, par les signes placés devant les chiffres, les déficits ou les excédents de la production du froment sur la consommation en quintaux métriques.

La division adoptée n'est pas arbitraire. Elle correspond, par région, à une sorte de rayon d'approvisionnement des grands centres de population qu'elle comprend. Si nous prenons, par exemple, la région n° 2, qui est celle contenant Paris et Lille, on voit qu'au sud de Paris la limite du rayon d'approvisionnement descend un peu au-dessous d'Orléans; tandis qu'au nord cette limite s'étend jusqu'à la frontière. Notre division correspond à la réalité des faits commerciaux. C'est bien là le rayon normal de l'approvisionnement de Paris.

Mais la répartition du froment à la surface du territoire français est-elle bien celle indiquée par la carte statistique ci-contre? En d'autres termes, la répartition du blé est-elle soumise à la loi de répartition fixe, proclamée par l'économie politique, proportionnellement au progrès de la population, et dans la région où la production est en déficit, la consommation de tous les habitants est-elle assurée au même degré? Nous répondons hardiment qu'il n'en est rien; et cela, parce que le marché des produits agricoles n'est point, comme celui des produits manufacturés, le vaste récipient commun où vient s'alimenter la consommation générale. La production agricole se distingue de la production manufacturée en ce que, sur beaucoup de points, la première n'est pas encore entrée dans le moule capitaliste de la seconde. La production manufacturée fabrique, en effet, non pour le producteur qu'elle emploie, mais pour le marché. L'industriel produit, non pour ses besoins directs et ceux de ses ouvriers propres, mais pour les besoins généraux du marché national ou même mondial, sur lequel il jette par masses ses produits. La production agricole, au contraire, produit directement pour la consommation immédiate de ceux qu'elle occupe. Là où la division de la propriété n'a pas encore amené la production par masses de l'industrie, le cultivateur est le premier consommateur de son froment, et sur beaucoup de points, la quantité de grains livrée au marché est très restreinte, sinon nulle. Quand le paysan propriétaire, en pays de faire-valoir-direct, ou les métayers, en pays de métayage, et même les petits fermiers, ont mis en réserve la quantité de blé nécessaire pour leurs semailles et la nourriture de leur famille, la quantité disponible pour le commerce est singulièrement réduite après ces prélèvements. Là seulement, où la propriété est peu ou point morcelée, sur les grands domaines, dans les contrées de fer-

mage ou de faire-valoir-direct à exploitations d'une vaste surface, un marché proprement dit existe.

Pour le sujet qui nous préoccupe, cet approvisionnement direct des populations rurales, aux sources mêmes de la production de blé, constitue un fait d'une importance considérable. Il nous montre que les moyens d'approvisionnement des grands centres urbains sont très limités, la consommation des campagnes absorbant, presque partout, les ressources totales de la production.

Car il ne faut pas oublier que la production moyenne du blé, en France, est insuffisante à notre consommation. On compte les années où la France a pu suffire à sa consommation sans recourir à l'importation. La moyenne des importations de ces quatre dernières années s'est élevée à 14 millions d'hectolitres. En déduisant les semences, la balance faite des importations et des exportations, la France doit faire face annuellement à un déficit de 10 millions d'hectolitres de blé, soit environ 8,500,000 quintaux métriques.

Il est évident que cette importation, demandée à la production étrangère, est surtout destinée à alimenter la population urbaine qui, sauf certaines villes à proximité des centres de production où la consommation rurale n'atteint pas le chiffre de la récolte totale, manquerait de pain sans l'arrivée continue des blés étrangers.

Que, pour une raison ou pour une autre, les stocks du marché du froment viennent, en effet, à s'épuiser. Où la population urbaine trouverait-elle le blé nécessaire à son alimentation ? Sans doute, les prix de disette, qui surviendraient aussitôt, forceraient quelques-unes des réserves de la population des campagnes, alléchée par l'appât du gain. Ce serait insuffisant, et la population urbaine n'en serait pas moins affamée le jour où nos stocks épuisés ne pourraient être renouvelés par l'importation.

Cette destination particulière de l'importation du froment présente un intérêt capital, et nous ne saurions trop insister sur la précarité qu'elle introduit dans la vie économique du pays.

Si nous prenons, par exemple, la deuxième région agricole, celle qui comprend Paris et la région du Nord, nous voyons que la population urbaine s'élève à 4,869,235 habitants, la population rurale à 4,449,591.

Etablissons les besoins respectifs de ces deux catégories de population.

La consommation moyenne du pain, dans la population rurale, calculée à 750 grammes, par jour et par tête, donne une consommation annuelle totale, en blé, de 13,337,000 quintaux.

La consommation urbaine, calculée sur le pied de 500 grammes de pain, par tête et par jour, nécessite une quantité annuelle de 9,835,000 quintaux de blé.

La production de la région du Nord, déduction faite des semences, s'élevant à 18,919,000 quintaux, sur lesquels il est prélevé 13,377,000 quintaux par la population rurale, il reste, pour la consommation de la population urbaine, une quantité disponible de 5,541,000 quintaux seulement. Le déficit, 4,253,185 quintaux (voir la carte statistique), est couvert par l'importation.

Nous pourrions multiplier les exemples pour chaque région, nous trouverions partout une situation identique à celle de la région de Paris, sauf que la comparaison entre les quantités nécessaires à la population urbaine et à la population rurale nous montrerait, comme nous l'avons indiqué au bas de la carte, que dans quelques parties de la France la population des campagnes supplée au déficit du froment par l'emploi du maïs, du seigle, du sarrasin et autres farines tirées de féculents.

Ces faits irréfutablement établis, la nécessité démontrée de recourir à l'importation pour assurer l'alimentation urbaine de la France, et particulièrement l'alimentation urbaine de la région de Paris, la plus précaire à cause de sa population énorme, puisque le chiffre de la population de la capitale, de sa banlieue et des villes industrielles du Nord dépasse celui de la population rurale, voyons les conséquences particulières engendrées, dans le passé et dans le présent, par cette situation tout anormale.

II

Nous disons : dans le passé, car la question de l'alimentation régulière de Paris ne se pose pas d'hier. Elle a été, jusqu'à ces dernières années, la préoccupation constante de tous les gouvernements, et il a fallu le vent de la folie économiste, soufflant depuis trente ans sur ce malheureux pays, pour faire perdre aux pouvoirs publics les notions les plus élémentaires de la prévoyance.

Sans remonter plus loin que la Révolution, — et antérieurement, dans l'histoire de Paris, les mesures relatives à son approvisionnement tiennent une grande place, — tous les gouvernements qui se sont succédé, depuis le Consulat, se sont attachés à créer des conditions normales et régulières à la consommation de la capitale. A cet effet, dès 1801, un décret des consuls jetait les bases de la réglementation de la boulangerie et imposait aux personnes exerçant cette profession le dépôt, à une réserve générale, d'un certain nombre de sacs de farine, que le boulanger devait remplacer au fur et à mesure de ses besoins. En outre, chaque boulanger devait avoir à domicile un approvisionnement de farine déterminé, sévèrement contrôlé par la Préfecture de police (décret du 19 vendémiaire an XI. De cette façon, l'immense population parisienne, dont les besoins nécessitent d'énormes quantités de blés, était garantie contre toute éventualité de disette possible.

Nous n'avons pas à refaire ici l'historique de la réserve et de la Caisse de la boulangerie de 1801 à 1863, date à laquelle l'institution fut supprimée par M. Rouher, obéissant aux suggestions de Leplay et des économistes; mais nous devons indiquer sommairement comment elle fut supprimée et quelles furent les conséquences de sa suppression. Il est incontestable que la réglementation rendait de grands services à la ville de Paris. D'une part, l'approvisionnement sauva plus d'une fois la capitale de la disette, qui sévissait dans les départements; de l'autre, la caisse instituée pour établir des prix de compensation et permettre aux boulangers de vendre le pain à un taux normal pendant les époques de grande cherté évita bien des misères, qui se fussent exapérées en temps de crise.

Au reste, les gouvernements avaient pour but, précisément, de prévenir cette exaspération de la faim. Le chimiste Jean-Baptiste Dumas, sénateur, président de la commission municipale et de la Caisse de la boulangerie sous l'empire, a plus d'une fois exprimé, avec une grande netteté de termes, la pensée intime du règne de Napoléon III à ce sujet. Au point de vue politique, toujours intéressant, il n'est pas inutile de rappeler les paroles de Dumas aux hommes d'État de la troisième République : « S'il est un point de « notre pays, disait-il, où les dangers de la disette soient dignes de « toutes les sollicitudes, n'est-ce pas la ville de Paris, siège du gou- « vernement, centre de la politique, agglomération de population « immense, foyer des plus grandes et des plus nombreuses affaires ? « Quand Paris est mécontent, tout souffre ; quand il est agité, tout « s'émeut ; quand le travail y est suspendu, tout s'arrête. Assurer « du pain à Paris, c'est donc éloigner de la France elle-même les « causes de troubles et de désordre ; c'est y maintenir la confiance « et le travail. »

Quelque jugement qu'on porte sur la période pendant laquelle Dumas faisait entendre ces sages et prudents avis, il est certain qu'au cours de la grande crise de 1853-1857, le fonctionnement du dépôt et de la Caisse de la boulangerie maintint à Paris l'ordre et la confiance.

Ces deux services avaient été réorganisés par les décrets du 27 décembre 1853, du 7 janvier 1854 et du 1er novembre de la même année. Voici, à titre de renseignement documentaire, comment ils fonctionnaient :

La Caisse de service de la boulangerie devait, aux termes du décret du 27 décembre 1853 :

« 1° Payer pour le compte des boulangers et recouvrer sur eux le montant de leurs achats de blés ou de farines. A cet effet, dit le mémoire de M. Hausmann, en date du 2 août 1854, elle leur ouvre des crédits, et pour l'accomplissement de cette mission, ainsi que pour fournir un utile élément de la fixation de la mercuriale, elle doit recevoir régulièrement la déclaration des blés ou farines achetés par eux :

« 2° En temps de cherté, elle avance aux boulangers le montant de la différence en moins existant entre le prix de vente du pain d'après la taxe, et le prix résultant de la mercuriale ; et en temps de bon marché, pour se couvrir de ses avances, elle reçoit les différences en plus.

La Caisse de service de la boulangerie est donc à la fois, dit ce mémoire, une institution permanente de crédit pour un commerce spécial et, selon les circonstances, un instrument modérateur du prix du pain pour le consommateur.

Le dépôt d'approvisionnement en farines était réglé par les articles 8 et 9 du décret du 1er novembre 1854, ainsi conçu :

« Art. 8. — Le dépôt d'approvisionnement se composera, tant pour Paris que pour les communes du département, de la quantité de farine nécessaire pour alimenter pendant trois mois la fabrication de chaque établissement de boulangerie, suivant la classe dans laquelle il aura été placé.

En conséquence, les dépôts seront :

1re classe, de 84,780	kilogrammes	540 sacs	;
2e classe, de 63,585	Id.	405	;
3e classe, de 49,455	Id.	315	;
4e classe, de 35,325	Id.	225	;
5e classe, de 21,195	Id.	135	;

« Le dépôt de garantie des boulangers de Paris sera compris dans les quantités ci-dessus indiquées.

Art. 9. — A Paris, 1/7 de l'approvisionnement sera conservé par chaque boulanger dans son magasin particulier. Les six autres septièmes seront déposés dans les magasins publics fournis par la Ville.

Approvisionnement assuré, régularité du prix du pain, tels furent les effets naturels de la Caisse de la boulangerie. Mais on entrait dans la période d'application des principes libéraux. Le coup d'Etat de 1851 avait eu cette double conséquence, singulièrement contradictoire : il avait, pour de longues années, écrasé le socialisme et porté le libéralisme économique au pouvoir, en même temps que resserré les mailles de l'autorité politique. Issu de cette coalition, moins étrange dans le fond que dans la forme, des conservateurs autoritaires et des économistes libéraux, il ne pouvait, sans s'exposer à soulever des hostilités dangereuses, maintenir les sages et prévoyantes mesures prises en 1853 et 1854, sous l'influence des alarmes provoquées par le déficit de la récolte de 1853. Les spéculateurs, en effet, ne cessaient de protester, par l'organe naturel de l'économie politique, contre cette réglementation qui, sous l'excitation des craintes que firent naître quatre années consécutives, marquées par les déficits constants dans la récolte du blé, menaçait de s'étendre à tout le pays.

En 1859, le Conseil d'État, qui commençait déjà à affirmer par instants le singulier état d'esprit qu'il manifeste aujourd'hui quotidiennement, en matière de réglementation sociale, ouvrit une enquête dont l'économiste Le Play fut nommé rapporteur. Celui-ci conclut à la liberté du commerce. En 1860, également, au Corps législatif, un député de la majorité se faisait l'interprète des doléances de la spéculation dans les termes suivants :

« Un décret de 1858 a prescrit à la boulangerie d'un certain nombre de villes la formation d'une réserve en blés et en farines. Ce décret a donné lieu à une crainte qui nous a paru justifiée, sans que nous ayons pu la dissiper. N'avons-nous à redouter, nous ont dit les négociants, que cette réserve de la boulangerie, subitement introduite dans la consommation, vienne peser sur le marché, et, en avilissant brusquement les prix, bouleverse nos combinaisons et nos calculs? »

L'Empire pouvait impunément bâillonner la presse, avilir la tribune, comprimer toutes nos libertés politiques ; il ne pouvait, sans risquer de voir se tourner contre lui les forces sociales qui avaient fait son avènement, entraver la liberté des spéculateurs, renverser « leurs combinaisons et leurs calculs », pour affamer les populations urbaines en temps de disette. Le Conseil d'État concluant à ramener le commerce du blé et l'exercice de la boulangerie au régime du droit commun ; les économistes, le Corps législatif, la presse appuyaient. L'Empire dut s'exécuter.

Rendons justice à M. Dumas. Il ne céda pas sans combattre, et dans un rapport présenté à l'Assemblée qui faisait fonctions alors de Conseil municipal (séance du 26 avril 1861), il réfuta de main de maître, avec beaucoup de sens et une belle élévation de pensée, les sophismes économiques du Conseil d'État.

« Qu'un économiste trouve tout simple, dans le calme de son cabinet, d'abandonner aux éventualités des saisons et aux soins du commerce d'aussi graves intérêts que ceux de l'alimentation, cela se peut ; mais qu'une personne habituée aux soins et aux prévoyances qu'exige la satisfaction des besoins de Paris adopte une telle pensée, nous ne le comprendrons jamais. » Il avait tort, on le lui fit bien voir, et la Caisse de la boulangerie, son service de compensation, son approvisionnement furent supprimés. La caisse eut encore une existence nominale jusqu'en 1870; en réalité, les dispositions du décret de 1863 l'anéantirent.

J'ai insisté sur cette suppression, parce qu'elle précéda seulement de sept ans la catastrophe qui fut la conséquence naturelle du décret de 1863. En 1870, en effet, les greniers d'abondance où les boulangers, sous les régimes précédents, plaçaient les sacs de farine dont le dépôt leur était prescrit, calculé sur une consommation de trois mois, étaient vides, et Paris investi par les Allemands victorieux était sans pain!

Alors apparut, dans toute sa gravité, la situation faite à la capitale par le triomphe des spéculateurs sur la caisse de la boulangerie. Les réserves constituées par le décret de 1853 pour prévenir à Paris les troubles de la faim en temps de paix, si elles eussent existé au 4 septembre, c'était le siège de Paris prolongé de soixante jours au moins, l'armée de la Loire, réorganisée et aguerrie, perçant le mur de l'investissement de Paris. — Paris libre, la France sauvée!

Soyons justes, même envers l'Empire. Si le gouvernement impérial commit, en 1863, la suprême imprudence de se désintéresser de l'alimentation de Paris, il peut invoquer, sinon pour se justifier, du moins pour atténuer l'étendue de sa faute, l'impossibilité de prévoir l'investissement de la capitale. Mais si les hommes d'État de Napoléon III ont droit aux circonstances atténuantes pour les effets du décret de 1863, en revanche, ses ministres de 1870 porteront légitimement devant l'histoire la responsabilité de n'avoir rien fait, quand il en était temps encore, pour réparer l'erreur première; et cette responsabilité, elle sera partagée par les hommes de la Défense nationale, qui non seulement approuvèrent toutes les mesures prises par le gouvernement impérial, mais encore, quelques jours après, suivirent le même système, qui devait aboutir à la famine.

Si nous rappelons le souvenir de ces jours douloureux, ce n'est pas pour retracer, même en l'esquissant à peine, en quelques traits rapides, l'histoire des voies et moyens employés pour assurer l'approvisionnement de Paris. C'est pour faire remarquer que cet investissement, qui, quelques mois auparavant semblait en dehors des données de toute probabilité, doit entrer aujourd'hui dans nos préoccupations constantes; et parce que, je l'ai dit sans succès au Conseil municipal de Paris, ici, le passé est fécond en leçons d'un intérêt pressant pour l'avenir.

Pour donner, en effet, une idée des difficultés de toute nature que présenterait demain un approvisionnement de Paris, suffisant pour le mettre en état de défense contre l'ennemi et contre la faim, derrière son enceinte de forts, il faut se souvenir que le gouvernement impérial et celui de la Défense nationale qui lui succéda eurent devant eux quarante jours pour procéder aux achats de toute nature, — exactement : du 5 août au 18 septembre, jour où l'investissement fut complet. Ajoutons qu'on était au lendemain de la récolte ; par conséquent il existait des quantités de blés assez considérables dans le rayon de Paris. Eh bien ! que fit-on ? Presque rien. Pourquoi ? Parce que l'on s'adressa au commerce, aux spéculateurs ; ce qu'on serait obligé de faire demain, dans les conditions précaires où nous nous trouvons aujourd'hui. Le commerce peut suffire à tout, criait-on alors, comme maintenant. Laissez faire, laissez passer ! On laissa faire et passer : les spéculateurs accaparèrent le blé, qu'ils vendirent ensuite à prix d'or. Paris dut capituler, la France subir la saignée de la défaite finale, aggravée par la saignée de mai 1871 et... En 1890, nous sommes exactement au même point qu'en 1870, à la chute de l'Empire.

III

Je me trompe. La situation n'est plus la même. Elle est infiniment plus grave, infiniment plus dangereuse, puisque, comme je l'ai dit plus haut — et je vais le démontrer avec faits et chiffres à l'appui, — nous avons côtoyé la famine, en temps de paix, trois mois durant.

On a vu, par l'examen de la façon dont se répartissent la production et la consommation du blé en France, que les grands centres urbains sont alimentés par l'importation. La région de Paris est celle qui, plus particulièrement que toute autre, tire sa subsistance de l'étranger. Cela se conçoit sans peine. Avec sa nouvelle enceinte de forts, Paris forme, aujourd'hui, un vaste camp retranché, occupant trois départements : Seine, Seine-et-Oise et Seine-et-Marne. La population de ce camp retranché est presque exclusivement industrielle, et elle s'élève à un total de trois millions d'habitants.

Eh bien ! malgré cette densité énorme de la population, cet énorme foyer de consommation aux besoins gargantuesques, le commerce, procédant en toute liberté, n'a pas cru devoir faire de Paris un grand marché de blé. Les entrepôts de Paris ne contiennent pas des quantités de blé beaucoup plus considérables que ceux du Havre ou Saint-Nazaire. L'alimentation en pain de cette fourmilière humaine se fait au jour le jour. En temps normal et quand les stocks sont importants, la spéculation n'a pas une réserve de plus de quinze jour ! Encore faut-il, pour maintenir ces stocks, que la spéculation y trouve son intérêt. Dans le cas où des « calculs » savants et des « combinaisons » d'ordre particulier l'engageraient à diminuer les quantités et à réduire Paris à ne plus compter que sur le stock de trois ou quatre jours des boulangers, elle n'hésite pas, et Paris doit se nourrir au jour le jour.

C'est ce qui est arrivé l'été dernier. La spéculation « calcula » que la récolte, qui s'annonçait bien, serait magnifique. L'abondance du grain amènerait une baisse de prix. Il convenait donc de ne pas trop se découvrir. Séduite par ses propres calculs (du moins, c'est la seule explication plausible que nous trouvions à sa conduite), elle opéra à la baisse. En conséquence, elle restreignit ses achats et écoula prudemment ses réserves. Sur ces entrefaites, des orages éclatèrent, il pourrit beaucoup de grain sur pied, et les calculs des importateurs furent légèrement dérangés par ces circonstances climatériques, qu'ils n'avaient pas songé à faire entrer en ligne de compte dans leurs « combinaisons ». Mais ces messieurs sont les maîtres du marché. A onze importateurs, ils peuvent, en se serrant, prévenir les paniques et maintenir les cours : c'est ce qu'ils ont fait en continuant à espacer méthodiquement leurs ordres, même après avoir diminué leurs stocks jusqu'aux limites de la consommation au jour le jour.

Les importateurs du blé ont pu ainsi, grâce à leur petit nombre, à la solidarité qui existe entre eux, conjurer les pertes considérables dont ils étaient menacés. Mais à quelles extrémités nous a réduits ce pacte de famine d'un nouveau genre, consistant à tarir, pour vingt départements, les sources de l'importation auxquelles leur population urbaine s'alimente, c'est ce que le tableau suivant présente en chiffres saisissants. Le lecteur verra si nous avons exagéré, quand nous avons parlé de pacte de famine et du péril couru par la consommation publique, du fait de ceux qui ont monopolisé le commerce des blés. Ce tableau exprime, en quintaux métriques, l'état des entrepôts à la fin de chaque mois, pendant la campagne 1889-1890, de fin juillet de l'année précédente à fin août de l'année présente.

Au 31 juillet, les trois millions d'hommes du camp retranché de Paris avaient, dans les entrepôts du commerce qui alimente la capitale, 8,000 quintaux de blé et 74,000 quintaux de farines. Au 31 août, *zéro* quintal de blé et *trois* quintaux de farine ! Et Paris seul n'était pas dans cette situation d'approvisionnement. La population urbaine de près de vingt départements était à la merci du plus insignifiant accident survenu dans les arrivages. Pour les deux régions du Nord, où le déficit total de la production est de 9,500,000 quintaux, il y avait en tout, dans les entrepôts qui alimentent la consommation de cette population, 157,000 quintaux de blé dans les magasins !

Voici, maintenant, comment l'administration, qui eût dû être épouvantée d'une situation pareille, envisage cette réduction à zéro des stocks de blé.

A la séance du Conseil municipal du 29 octobre 1890, M. le secrétaire général de la Préfecture de la Seine, répondant à M. Deligny et à l'auteur de cet article, prononçait textuellement les paroles suivantes, que j'extrais du *Bulletin municipal officiel* :

« *Je tiens seulement à dire qu'il ne faut pas s'exagérer la situation.* « *Il est certain qu'au mois de juillet et au mois d'août 1890, les stocks* « *de blé ont diminué dans des proportions considérables. Mais cette* « *diminution tient exclusivement à la situation de notre place.* (Très « bien !) »

Si nous n'avions indiqué la source, pour permettre de contrôler notre citation, le lecteur prévenu contre nous aurait pu ne pas y ajouter foi. Mais ils peuvent consulter le *Bulletin* : ils s'assureront que je n'ai pas changé une virgule à la stupéfiante déclaration de ce haut fonctionnaire. Cette explication originale de la diminution des stocks de blé, « dans les proportions considérables » signalées plus haut, est bien de lui.

Et le plus triste, dans cette affaire déjà si attristante à tant d'autres égards, c'est que le secrétaire général de la Préfecture de la Seine a parfaitement caractérisé la situation, sans s'en douter. Sa lapalissade peint d'un mot drôle, mais juste, les conditions normales de l'alimentation parisienne. Paris est le siège du commerce de l'importation des blés. Ce commerce, qui se chiffre annuellement par centaines de millions, il est presque exclusivement entre les mains de onze maisons, dont neuf sont établies à Paris. Et les stocks de ces neuf maisons, dans ce centre de population urbaine de trois millions d'habitants, ne sont pas sensiblement plus élevés que ceux établis dans les entrepôts de villes qui sont loin d'avoir la moitié de sa population. Qu'on consulte le tableau ci-contre. A la halle aux blés, il se fait annuellement des centaines de millions, des milliards même de transactions sur les farines. Ces transactions sont purement fictives... Leurs auteurs, vendeurs et acheteurs quotidiens de milliers de sacs, n'ont aucun rapport avec le commerce des grains et ne sauraient livrer ou prendre livraison d'un seul des milliers de sacs de farines inscrits sur leur carnet.

Cette « situation de notre place », que M. le Secrétaire général de la Préfecture de la Seine déclare normale, elle est unique au monde. Il n'y a pas de capitale en Europe, pas de ville au monde, de l'importance de Paris, qui soit dans les mêmes conditions. Toutes sont le centre de transactions commerciales, mais aussi le marché naturel où ces transactions puisent la matière du trafic. Seul, Paris est dans cet état, et peut être réduit à attendre sa consommation d'arrivages quotidiens lui fournissant, au jour le jour, les quantités nécessaires, strictes, réclamées par ses besoins. Mais Paris a des

QUANTITÉS DE BLÉS EN RÉSERVE DANS LES ENTREPOTS EXPRIMÉES EN QUINTAUX MÉTRIQUES

DATES	PARIS		LE HAVRE		NANTES		SAINT-NAZAIRE	
	BLÉS	FARINES	BLÉS	FARINES	BLÉS	FARINES	BLÉS	FARINES
1889.								
31 août	71.561	123.000	570.000	454	200	2.752	101.521	121
30 septembre	115.092	114.526	517.119	354	200	6.718	91.089	200
31 octobre	148.350	112.358	186.163	365	200	6.320	87.821	338
30 novembre	119.994	111.181	330.572	1.034	200	3.850	83.511	246
31 décembre	89.188	128.194	248.035	1.110	200	1.065	74.302	194
1890.								
31 janvier	84.348	150.368	297.744	1.162	112	20	68.764	1.090
28 février	60.794	148.028	285.879	1.302	9	1.558	65.482	1.148
31 mars	50.723	140.146	221.480	7	9	22	40.940	1.042
30 avril	37.120	129.799	170.145	984	9	20	38.230	1.042
31 mai	20.579	134.521	99.782	34	9	199	38.239	1.105
30 juin	24.754	107.180	71.221	34	9	40	29.964	1.115
31 juillet	8.931	74.346	33.740	17	9	»	28.641	1.199
TOTAUX	825.528	1.473.010	3.137.198	7.172	1.241	23.225	760.164	8.840
31 août	»	3	5.894	7	»	»	27.857	1.205

DATES	ROUEN		DIEPPE		DUNKERQUE		TOTAL		TOTAL GÉNÉRAL
	BLÉS	FARINES	BLÉS	FARINES	BLÉS	FARINES	BLÉS	FARINES	
1889.									
31 août	376.046	3.357	104	Néant.	162.142	955	1.234.857	133.332	[illegible]
30 septembre	323.545	3.314	104		137.258	198	1.186.928	126.537	[illegible]
31 octobre	250.375	3.951	20		127.801	1.548	1.120.925	124.875	[illegible]
30 novembre	238.243	2.975	Néant		108.600	1.840	884.126	121.086	[illegible]
31 décembre	189.326	2.155	»	»	82.564	2.280	683.714	134.264	[illegible]
1890.									
31 janvier	156.913	2.286		»	75.182	2.551	[illegible]	117.717	[illegible]
28 février	134.193	2.131	»		[illegible]	2.188	[illegible]	[illegible]	[illegible]
31 mars	139.019	1.091	»		14.934	2.862	467.084	145.775	[illegible]
30 avril	111.908	1.302	»	»	7.845	2.279	371.547	[illegible]	[illegible]
31 mai	104.065	1.357	»	»	1.764	2.044	261.856	140.252	[illegible]
30 juin	110.572	1.326		»	1.764	197	256.281	[illegible]	[illegible]
31 juillet	119.095	1.165		»	1.764	1.066	192.180	77.498	[illegible]
TOTAUX	2.282.331	28.411	1.014	»	781.138	20.158	[illegible]	[illegible]	[illegible]
31 août	118.175	1.214			1.764	25	[illegible]	[illegible]	[illegible]

grâces d'État, et surtout d'être à quelques journées de marche de la frontière.

Voyons donc ce qui se serait passé au mois de juillet, d'août ou de septembre si, à la suite d'un de ces incidents imprévus, comme celui de l'affaire Schnœbelé, l'armée allemande avait franchi les quinze kilomètres qui la séparent de Nancy.

IV

Fin juillet, Paris avait en magasin six jours de vivres. Fin août, la réserve des boulangers seulement, et elle ne s'élève pas à plus de deux ou trois jours, en moyenne. La guerre éclatant à l'une quelconque de ces deux époques, dès que le signal des hostilités est donné, l'autorité militaire requiert tous les moyens de transports disponibles. A dater de ce jour-là, dès la première heure, troupes, matériel, animaux, vivres, canons, se pressent sur nos lignes, débordées par l'affluence des êtres et des choses, roulant avec un bruit de tonnerre vers la frontière de l'Est. La vie économique sera suspendue, les transactions arrêtées, la circulation ordinaire immobilisée, — et je souhaite, sans trop oser l'espérer, que, de ce côté, tout soit mieux prévu que pour l'approvisionnement; que les Compagnies disposent du matériel prescrit et que la concentration s'opère sans accroc (1). La durée de la mobilisation est fixée à quarante jours, dans lesquels il faut distinguer deux périodes : la première, de seize jours, où l'autorité militaire absorbera complètement toutes les lignes de chemins de fer. Après le seizième jour (et dans l'hypothèse, hélas! trop incertaine! où les Compagnies seront en mesure de faire face aux exigences de l'autorité militaire), une partie des lignes pourra, dans une proportion variable, mais très restreinte, être employée aux transports ordinaires. Mais les lignes principales et toutes les voies aboutissant à Paris resteront exclusivement à la disposition du ministère de la guerre, Paris étant, dans les conditions actuelles de notre défense, le boulevard de la résistance, le centre des réserves où nos armées puiseront les hommes, les vivres et les munitions nécessaires pour alimenter les corps luttant sur la frontière.

(1) Nous doutons de la possibilité de procéder à la mobilisation, telle que l'autorité militaire la prescrit, dans les conditions économiques et administratives de notre pays. On n'arrête pas, croyons-nous, la circulation économique de tout un peuple, pour un temps [illegible], quand le gouvernement n'a pas pris à l'avance les mesures de prévoyance de nature à permettre de subsister pendant cette période d'arrêt. On éprouvera [illegible] plus d'un mécompte, sur tous les points, où les prévisions de l'autorité militaire seront déjouées par toutes sortes d'obstacles.

Donc, qu'on se représente ce qui se serait produit à Paris, au lendemain de la déclaration de guerre, dans les premiers jours d'août ou de septembre. Tous les esprits se tournent avec angoisse du côté de l'Est. L'anxiété publique est au comble. Paris est déjà bloqué dans son camp formidable, derrière son enceinte de forts d'arrêts, hérissés dans un rayon de 30 kilomètres. Impossible d'aller à plus de 10 kilomètres au delà de ce rayon. Seules, les nouvelles circulent — la poste est encore accrochée aux trains militaires, bondés, et l'on attend impatiemment des détails sur le mouvement des armées en présence. Quelle surexcitation dès le premier jour! Est-ce la fin du monde, *finis Galliae*, qui s'est levée?... Tout à coup éclate comme la foudre, par-dessus le grand bruit d'armes qui couvre Paris, encombré de soldats, de caissons et de chevaux : il n'y a plus de pain! Entendez-vous les clameurs exaspérées, les malédictions hurlantes, les accusations de trahison qui partent de la foule, quatre jours après la déclaration de guerre, quand Paris vient, un matin, se heurter à la porte des boulangeries vides. Quel désarroi, quel désastre matériel et moral !

Vous exagérez, dira-t-on. Point. Durant la période de mobilisation, la population de Paris et de sa banlieue sera emprisonnée dans le camp retranché comme dans une bastille. Rien n'arrive, rien ne sort. Et les magasins sont vides, et trois millions de bouches crient famine !

Sans doute, le gouvernement, affolé par cette situation terrible, aurait fait litière de son libéralisme économique. M. Yves Guyot lui-même n'eût pas osé conseiller de se croiser les bras et de laisser passer la faim. Mais qu'eût pu faire l'autorité civile, quelles mesures prendre? Elle aurait appelé les importateurs? Leurs entrepôts n'avaient plus de stock, par suite de leurs commandes, prudemment espacées, pour empêcher les cours de hausser trop vite et pouvoir se dégager peu à peu.

D'ailleurs, en même temps que Paris, le gouvernement aurait appris que toute la population urbaine de la région du Nord et de l'Ouest était sans pain. Au bout de quelques jours, les villes de près de vingt départements maudissaient le pacte de famine odieux qui les affamait, et le gouvernement qui n'avait pas su assurer leur approvisionnement.

Admettons cependant que le gouvernement, pressé par les circonstances, mis dans la nécessité d'entraver la mobilisation, — car le cri du poète de la faim reste toujours vrai, en temps de guerre comme en temps de paix :

On n'arrête pas le murmure
Du peuple quand il dit : J'ai faim !

en temps de guerre surtout, on ne mitraille pas des millions d'hommes sans pain — admettons, dis-je, que le gouvernement, au risque de bouleverser les mesures mathématiques, patiemment préparées par l'état-major, l'ordre et la marche de tel corps de troupes ou de tel convoi, prit avec l'autorité militaire des arrangements pour autoriser la circulation des blés. Avant que ces mesures fussent combinées, la disette aurait accompli une œuvre déjà terrible d'extermination matérielle et morale.

Et puis, les arrangements pris, où s'adresser pour avoir les quantités de grains nécessaires? Nous avons vu que la population des campagnes fait provision directe de ses quantités pour l'année, et que le déficit de la région du Nord et de l'Ouest est couvert par l'importation. Le prix fabuleux qu'aurait atteint le blé aurait forcé peut-être cette réserve? Le paysan et le petit cultivateur, alléchés par l'appât d'un gain considérable, auraient-ils consenti à se dessaisir? En 1870, au lendemain de la récolte, il existait, dans le rayon de Paris, des disponibilités importantes de blés chez les paysans. Le gouvernement ordonna à la fois des achats et des réquisitions. On ne put, ni par force, ni par argent, faire se dessaisir les cultivateurs de leur réserve. On voit donc combien il serait difficile aux pouvoirs publics d'assurer à la dernière heure, même en entravant la mobilisation, l'approvisionnement de la population urbaine, et surtout de la population parisienne. Au reste, je suis convaincu qu'en pareille occurrence, nos ministres n'oseraient pas se faire acheteurs et distributeurs de blé. Ils s'adresseraient au commerce, retenus qu'ils seraient, et par leurs préjugés, et aussi par les difficultés de tout ordre de leur tâche, improvisée du jour au lendemain. Et le commerce lui-même serait impuissant à trouver les quantités suffisantes à des prix exorbitants.

Les optimistes diront qu'en assurant les moyens de transport à l'intérieur, aux dépens de la mobilisation, il resterait toujours le recours ordinaire à l'importation. Les importateurs feraient jouer le télégraphe et activeraient les arrivages.

Pour cela, il faudrait, d'une part, que les moyens de transport maritimes ne fissent point défaut et que, de l'autre, nos ports fussent libres.

Le transport du blé, en France, est presque tout entier dans les mains de la marine marchande anglaise. J'ai sous les yeux la liste des navires entrés au Havre dans les sept premiers mois de 1890. Sur 48 navires, je vois que *trente* sont anglais, *neuf* français, le reste appartient à des nationalités diverses, dont des Allemands. La proportion des navires montés à Rouen est sensiblement la même. Sur 30, 19 sont anglais; on ne compte pas un seul navire français! Les Anglais ont donc monopolisé ce fret. En cas de guerre, les navires anglais continueraient-ils à mouiller nos ports, avec des chargements de grains ? Le gouvernement de lord Salisbury entretient avec la triple alliance des rapports qui nous font craindre le contraire. On n'a pas idée, en France, de l'action exercée par les gouvernements étrangers sur leurs grandes compagnies. Les compagnies de navigation anglaises ne transporteront du blé à notre destination que si le gouvernement anglais ne s'y oppose point. Or les derniers incidents de la politique européenne nous donnent tout à redouter de ce côté ! Si même la marine de guerre anglaise ne fait pas la chasse à la nôtre, il est peu probable que la marine marchande consente à nous approvisionner. — Il y a les neutres ! Oui, mais tous ces embarras, dans l'hypothèse où nous nous sommes placés, et elle n'a rien que de très plausible, auraient fait perdre un temps précieux, au cours duquel la population aurait enduré les plus dures extrémités de la disette.

Et il y a encore un obstacle à la régularité des arrivages, le plus grave de tous, celui-là, dont nous n'avons pas encore parlé : nos ports seront-ils libres ? Pendant la guerre de 1870, l'Océan ne nous a jamais été fermé. En serait-il de même aujourd'hui ? Alors l'Allemagne n'avait point de marine. Aujourd'hui, deux au moins des nations de la triple alliance possèdent une flotte qui ne le cède en rien à la nôtre. Or le blocus des ports ennemis pour les objets d'alimentation, comme le pain, constitue, pour une nation maritime, l'opération élémentaire de toute ouverture d'hostilités. Quels navires pourront passer pour amener en France les grains dont nous avons besoin ? Si la guerre avait éclaté dans les conditions d'approvisionnement décrites plus haut, est-il certain que les convois, dont tout retard eût été le signal de la famine en pleine paix, seraient arrivés à destination ?

De quelque côté qu'on examine la situation de la fin juillet ou août, il est clair que nous ne pouvions faire face, sans péril, à une déclaration de guerre. Nous étions à la merci de nos ennemis, portant la famine dans nos flancs. L'alimentation étant à peine garantie au jour le jour en temps de paix, c'était la désorganisation complète de notre force, si péniblement acquise, au prix de tant de sacrifices.

Plaçons-nous, en effet, dans l'hypothèse la plus optimiste qu'on voudra : faisons abstraction de la période de quarante jours, durant laquelle l'administration de la guerre eût été dans la nécessité de céder ses lignes pour l'alimentation quotidienne de Paris. On a vu combien elle serait difficile ; les obstacles de toute sorte qu'elle aurait rencontrés, obstacles tels qu'il eût été impossible aux pouvoirs publics de les surmonter — c'est ma conviction profonde. Supposons, pourtant, que le gouvernement de la République ea a triomphé, que la population urbaine du camp retranché de Paris a été alimentée, tant bien que mal, pendant la mobilisation. Mais tout cela n'a point fourni au camp retranché l'approvisionnement indispensable pour soutenir un siège !

Avant 1870, on ne pouvait songer à alimenter Paris en prévision d'un siège. L'approvisionnement alors répondait à une pensée de prévoyance politique et sociale : rien de plus. Après l'exemple de 1870 et surtout l'arrachement des deux provinces annexées, l'investissement de Paris entre en première ligne dans les préoccupations de la défense nationale. En face de l'Allemagne, à quelques pas de la frontière, Paris est devenue une ville frontière pour la défense immédiate de laquelle on ne doit rien épargner, car les travaux de fortifications qui l'entourent en font, indépendamment de son importance politique, le boulevard de la résistance et l'âme de l'organisation, un camp retranché de premier ordre. On peut, du reste, sans être taxé de pessimisme ni de défiance sur l'issue d'une lutte avec l'Allemagne, prévoir le cas de l'ennemi arrivant sous les murs de Paris. Cette prévision n'a rien d'alarmiste. « Il ne « serait ni sage ni sensé, a écrit un spécialiste, de considérer comme « absolument chimérique l'hypothèse d'une victoire ouvrant, dès « le début de la campagne, le bassin de la Seine à l'invasion alle- « mande. Sans même envisager l'éventualité du passage de l'en- « nemi par le Luxembourg et la Belgique, il n'y a rien d'irration- « nel à imaginer une offensive conduite avec une supériorité d'exé- « cution et de conception telle qu'une des sections de l'immense « ligne qui s'étend de Montmédy à Montbéliard, par Verdun, « Toul, Nancy, Lunéville, Épinal et Belfort, fût brusquement forcée « par un assaillant qui aurait concentré sur le point d'attaque « choisi des forces tout à fait prépondérantes. » Eugène Ténot, *Paris et ses fortifications*.

Dans les prévisions de l'autorité militaire, au dire de tous les écrivains spécialistes, l'hypothèse de M. Ténot a été prévue. L'arrivée des Allemands sous nos murs ne compromettrait pas absolument notre défense, le siège de cet immense camp retranché, imprenable par la force, devant fatiguer, jusqu'à usure complète, la puissance militaire de l'ennemi. Mais pour cela, il faut que Paris soit non seulement bien armé, mais encore bien approvisionné. On évalue, ordinairement à 200 jours la période pour laquelle Paris devrait se prémunir. Avec des vivres pour plus de six mois et une armée suffisante, derrière des forts que l'ennemi ne peut songer à enlever, Paris peut braver toutes les armées d'investissement qu'il plaira à l'ennemi de répandre autour de sa vaste enceinte. Mais les vivres, l'approvisionnement, voilà l'âme de la résistance. Sans vivres, Paris est condamné à éteindre le canon de ses forts et à livrer aux hasards d'une bataille en rase campagne la vie de ce pays, dont la reddition de la capitale sonnerait le glas.

Eh bien! nous faisons appel au bon sens de tous, quel est celui qui oserait affirmer que si la guerre avait éclaté aux mois d'août et de septembre, les craintes d'Eugène Ténot se réalisant, une victoire ouvrant la vallée de la Seine à l'ennemi, nous aurions pu procéder, durant les 20 ou 30 jours de la mobilisation, pendant lesquels l'ennemi se fût avancé sur Paris, l'approvisionnement nécessaire à sa population de trois millions d'habitants ?

Etant données les conditions d'approvisionnement faites par la spéculation, nous affirmons, sans crainte d'être démenti, qu'une victoire gagnée par l'ennemi à la frontière, c'était la reddition de Paris — la reddition de la France !

Tout cela, parce que le gouvernement français ne se croit pas le droit de faire la loi à une douzaine d'individus qui ont entre leurs mains la vie de millions d'hommes.

IV

J'ai dit une douzaine d'individus. L'importation du commerce du blé, en effet, est faite en France par onze grandes maisons, sur lesquelles je dois dire un mot, parce que ce qui les concerne n'est pas moins important que tout ce que nous avons déjà dit.

Nous nous sommes abstenu, dans les considérations précédentes, de qualifier les manœuvres des importateurs de blé, dont les spéculations ont failli affamer la population urbaine d'une vingtaine de départements. En morale commerciale courante, ces manœuvres sont irréprochables. La morale actuelle ne fait qu'appliquer les principes négatifs de l'économie politique en matière d'obligation sociale, et nous ne saurions faire un crime aux spéculateurs de pratiquer cette morale de préférence à toute autre. Le commerce, c'est de l'argent. Ces messieurs sont de grands négociants. Ils avaient cru à une bonne récolte et pris leurs dispositions en conséquence ; ils ont écoulé leurs stocks et importé ensuite avec une prudence excessive. Rien à dire de ce côté.

Mais si ces messieurs ont obéi à de pures conjectures mercantiles en réduisant à zéro la réserve du blé, certains d'entre eux ne pourraient-ils, le cas échéant, obéir à d'autres mobiles, dans l'établissement de leurs combinaisons ?

Entendez-moi bien, je ne veux jeter la suspicion sur personne. Néanmoins, on conviendra que l'alimentation de la France est entre des mains singulières quand on saura la nationalité de ces importateurs.

Voici, en effet, leurs noms, avec leur nationalité : Ephrussi (*Russe*); Thalmann frères et Cie (*Prussiens*) ; Dreyfus frères et Cie (??) ; Louis Dreyfus et Cie (*Français?*) ; Negropontes (*Valaque*) ; Leduc et Cie (*Français*) ; Waller frère (*Prussiens*) ; Bemberg et Cie (*Allemand*) ; Collet (*Français*) ; Herkelbout (*Belge*) ; Grands Moulins de Corbeil (??).

Nous avons classé, sous la rubrique de deux points d'interrogation ignorants, la nationalité des moulins de Corbeil, parce que naguère, M. Erlanger, vice-consul général d'Autriche-Hongrie à Paris, était à la tête de ces moulins. Il n'y est plus aujourd'hui. Mais y a-t-il perdu toute influence? C'est ce que nous ne savons point et dont nous doutons fort, à vrai dire.

Quoi qu'il en soit, sur onze importateurs de blé, six sont notoirement étrangers. De quel droit imputerait-on à crime, à ces étrangers, de faire servir contre la France leur prépondérance sur le marché d'approvisionnement français? En s'établissant à Paris, M. Thalmann n'a pas pris l'engagement de servir et d'aimer notre pays. Au contraire, il serait louable, patriotiquement, de favoriser les intérêts de l'Allemagne au détriment des nôtres. Il en est de même de tous ses compatriotes. Il serait ridicule de vouloir que ces honorables commerçants pussent s'intéresser à fournir la consommation parisienne des quantités de blé propres à nous permettre de soutenir un long siège contre l'Allemagne. Quant aux autres étrangers, leur attachement aux intérêts de l'alimentation publique est en raison directe du profit qu'ils peuvent réaliser avec elle. Et ce profit sera d'autant plus assuré que l'alimentation le sera moins. Il n'y a donc, dans notre pensée, rien d'hostile contre la personne ou la nationalité de ces honorables négociants. Mais, d'une part, le devoir patriotique peut les inciter à créer à la France les difficultés d'approvisionnement les plus insurmontables : et, de l'autre, un intérêt puissant, purement privé, qui les détermine à nous créer des embarras.

Est-il donc prudent au gouvernement français de se désintéresser de l'alimentation publique en s'en déchargeant sur des étrangers? Le bon sens répond que non, et nous sommes convaincus que le lecteur conclura avec nous que la défense de Paris et le salut de la France sont en péril tant que l'un et l'autre continueront à rester à la merci de ces étrangers.

Mais à côté, il y a quelques Français, ou banquiers considérés comme tels... J'affirme, par ce qui s'est produit cet été, par l'entente visible établie entre les maisons françaises et les maisons étrangères pour approvisionner Paris au jour le jour, qu'on ne saurait fonder plus de confiance sur les uns que sur les autres. Ce sont tous des négociants : le profit est leur règle, patriotique et morale, unique.

Dès lors, la patrie ne peut compter sur eux qu'autant que notre approvisionnement leur offrira un bénéfice important à réaliser, et sous ce rapport la disette est une auxiliaire utile! Ont-ils hésité, d'ailleurs, ces prétendus Français, à conclure avec les maisons allemandes l'entente en vertu de laquelle ils ont failli nous affamer en pleine récolte?

Cette entente criminelle, véritable pacte de famine, tous y ont participé. Nous ne saurions donc établir aucune distinction, basée sur la nationalité, entre les coupables auteurs des manœuvres accapareuses et homicides de 1890.

Pendant trois mois, en temps de paix, nous avons été à leur discrétion. Les dispositions prises par eux ont été telles qu'elles ont mis le pays à deux doigts de sa perte. Une telle situation ne peut se perpétuer; elle doit cesser au plus tôt.

Le gouvernement lui-même, éclairé peut-être par les événements de ces deux dernières années, a enfin compris qu'il devait agir, puisqu'il va déposer un projet de loi tendant à assurer, dit l'information, « l'approvisionnement des places fortes en temps de paix ».

Ce projet, nous ne le connaissons pas encore; mais nous doutons, d'après l'attitude prise au Conseil municipal par M. le secrétaire général de la préfecture de la Seine, qu'il soit de nature à résoudre le problème de l'alimentation normale de Paris. Si nous en croyons les indiscrétions commises, il consisterait en une côte mal taillée, entre le commerce et le contrôle du gouvernement ou des municipalités, sur la réserve que le commerce s'engagerait à fournir, moyennant une prime considérable.

Au contraire, les propositions soumises au Conseil municipal étaient de nature à écarter tout danger et à régulariser d'une façon durable l'approvisionnement de Paris à très bas prix.

Mais à l'heure où je suis et à la place que j'occupe déjà, je m'aperçois que la discussion des voies et moyens d'approvisionnement m'entraînerait trop loin, et je réserve cette discussion pour un prochain article. Je pourrai de cette façon apprécier le projet du gouvernement, qui sera déposé d'ici là.

Gustave ROUANET.

(La fin au prochain numéro.)

Paris. — Imp. PAUL DUPONT (Cl.)

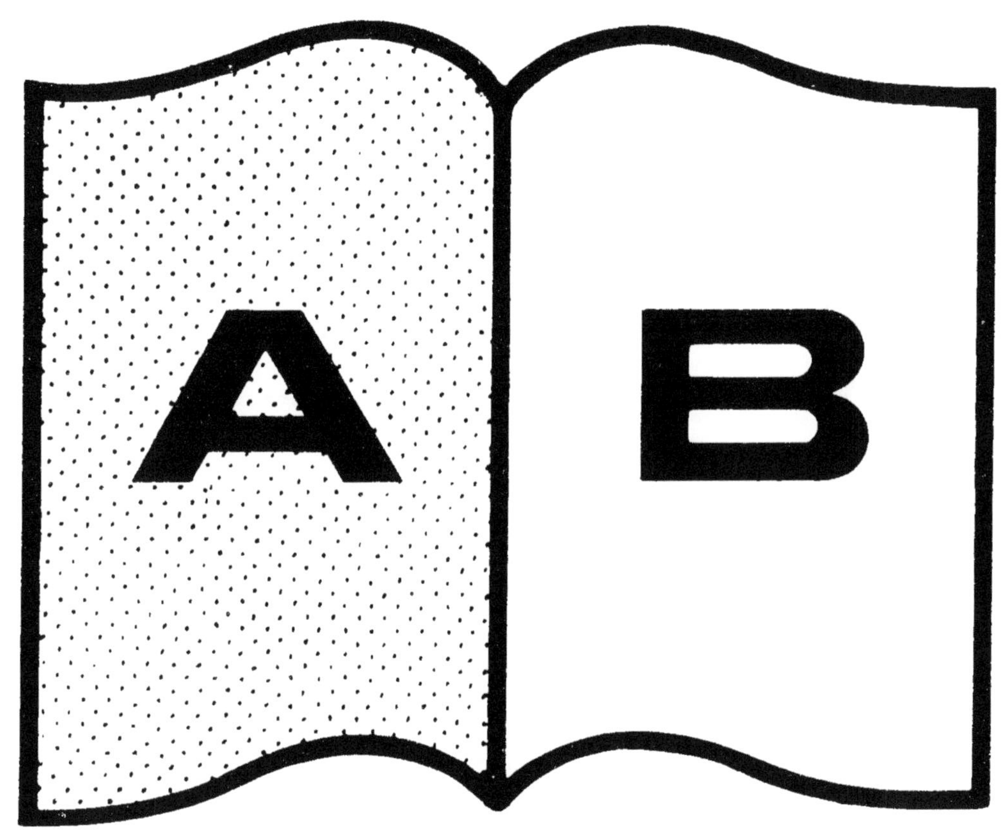

Contraste insuffisant

NF Z 43-120-14

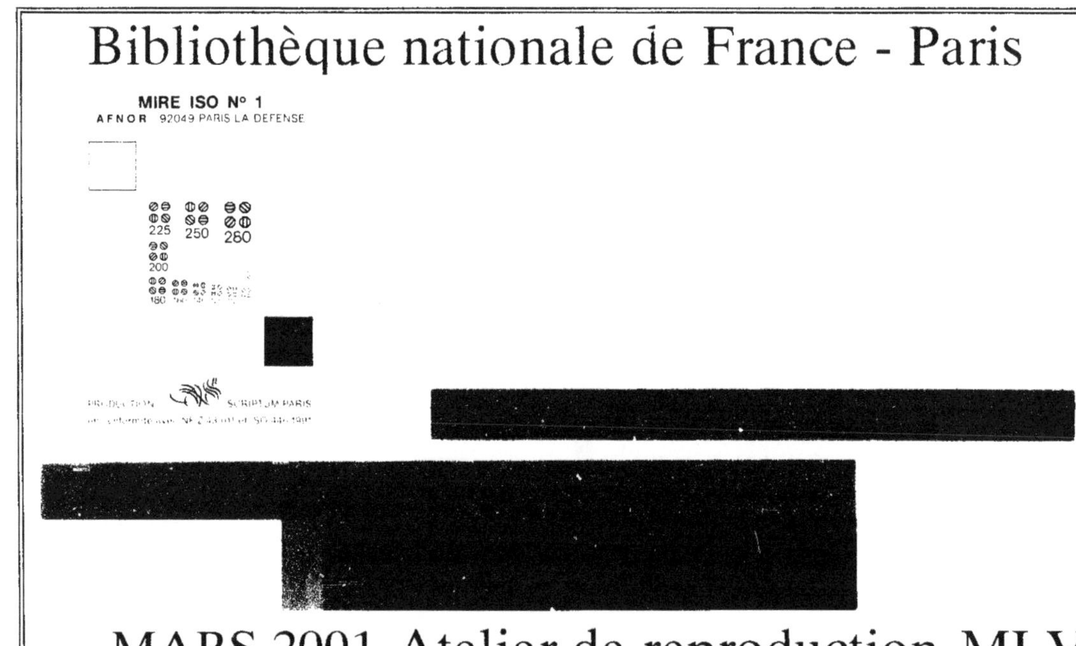

www.ingramcontent.com/pod-product-compliance
Ingram Content Group UK Ltd.
Pitfield, Milton Keynes, MK11 3LW, UK
UKHW022146260726
13993UKWH00005B/2184

9 782329 508450